Wirujący hijab

The Swirling Hijaab

Na'ima bint Robert
Nilesh Mistry

Polish Translation by Jolanta Starek-Corile

mantra lingua

Hijab mojej mamy jest czarny, miękki i szeroki.

My mum's hijaab is black and soft
and wide,

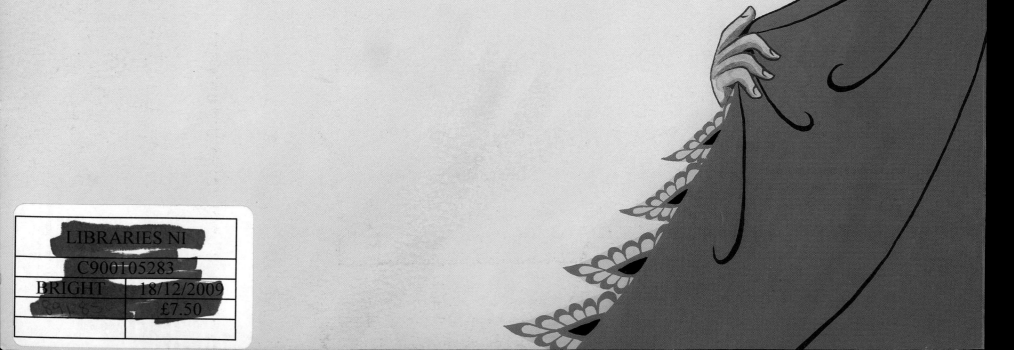

Jest fortem, w którym mogę się skryć.

A fort for me to hide inside!

Żaglem na statku,
rozwianym podmuchem wiatru.

A ship's sails flapping in the air,

A kiedy jej nie ma, jest ulubionym okryciem.

A comforter when she's not there.

Jest namiotem Beduina.

A bedouin tent,

I ślubne sari przypomina.

A wedding sari,

Podczas podwieczorku jest obrusem.

A cloth for my tea party.

I walecznej królowej okryciem.

A warrior queen's cloak,

Bagażem nomada.

A nomad's baggage,

I kocem, kiedy odpocząć wypada!

A blanket when I need a rest!

Lecz chusta mojej mamy

jest częścią jej wiary,

i hijab najlepiej to określa.

But covering my mum
as part of her faith
Is what the hijaab does best.

Bismillahir-Rahmanir-Raheem

For the daughters of Islam, past, present and future

N·B·R·

For Saarah, Farheen & Rayaan

N·M·

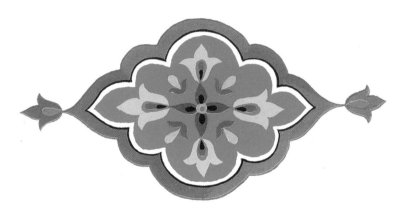

The Swirling Hijaab is one of many sound enabled books.
Touch the circle with TalkingPEN for a list of the other titles.

First published in 2002 Mantra Lingua Ltd
Global House, 303 Ballards Lane, London N12 8NP
www.mantralingua.com

Text copyright © 2002 Na'ima bint Robert
Illustrations copyright © 2002 Nilesh Mistry
Dual language text copyright © 2002 Mantra Lingua
Audio copyright © 2008 Mantra Lingua

A CIP record for this book is available from the British Library